Eskapis

© Eskapis-Verlag Hamburg 2004
Originalausgabe
Alle Rechte vorbehalten
Printed in Germany
Erste Auflage 2004
ISBN 3-937016-94-5
www.triumpheundruinen.de
www.eskapis.de

Nico Spindler
triumphe und ruinen
*Gedichte*

Eskapis-Verlag

eins

deine hellen augen

vom himmel rieselten schatten auf uns oben in der eiche
am ende der wiese über der stadt und die nacht rollte den
mondteig aus

unerreicht von der jagd der fledermaus um die äste der
glühwurm wie von lippen sanft emporgehaucht zwischen
blättern sein leuchten

auf mir dein augenstreicheln vom ast gegenüber und alle
sinne voller pralinees als ich dachte sag etwas und ich will
es mögen

da drehtest du den kopf zur stadt einfach so und ich sah
weiter zu dir rüber auf alles an dir und dachte oder sag
einfach nichts du süßes ding

und dann wer weiß schon wie so etwas geschieht waren
deine hellen augen nicht mehr zu sehen es sei denn du
lächeltest und ich traute mich kaum zu wissen warum

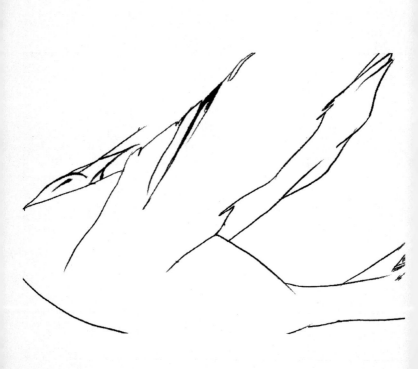

weißer rabe

hinkte ich als wir nach oben auf die ebene stiegen kühle
fingerspitzen in den haaren und am weg lag silbern
riesengroß das holz

von wo kam das klappern der alten scheune als wir durch
die morsche wand brachen plötzlich atemlos erschrocken
im staub und dunkel

was hattest du gesehen als wir querfeldein liefen durchs
wolfsmilchgestrüpp auf den hügel mit hüfthohen gräsern
zur hälfte schon grau und ich sah kurz zurück zu dir

und starrte die heuschrecke auf deinem knie den
pflaumenkernen hinterher die wir ausspuckten in hohen
bogen schief dem wind entgegen

wie ein weißer rabe auf dem rücken mit den armen weit
nach hinten flüstertest du der wolke zu

in aller stille


hinter giebeln und ästen tief noch geduckt warf scheue
sonne holpernde muster auf blütenbuntes zittern an
zweigspitzen baumelte gezwitscher rief frühling mit
süßesten namen unsre herzen im galopp

du blond bis unters kleid zupften deine lippen am
weichesten zipfel meines herzens als hinter tannen
ballmusik unerwartet uns lockte durch verwinkelte tür
wie an feinem faden zog

glitzernde sonnensplitter wehten übers tanzparkett und
überall geplauder ein juchzen wie luftballons aus
kinderhänden mit besten grüßen in den himmel sausen
stiegen perlen auf in allen gläsern

und aufgehängt an meinem daumen nur warst du lauter
elfentanz zu atemlosem walzer sanfte wellen deine hüfte
darum gebogen mein arm verlor ich mich in deinen augen
als du drehend plötzlich schwebtest um meinen hals nur
deine hände hielt ich ein kleines stücklein zeit an

schwimm mit mir


blaue schatten wie seid ihr dünn
es weht die abendhitze
wir ziehn uns aus
du machst nen seemannsköpper
und etwas in mir

glitzerlicht wo willst du hin
es riecht nach frischer mahd
wir wippen im wasser
du machst so kleine wellen
und etwas in mir

kleiner stern was flackerst du
es zischelt in den eichen
wir sehn uns an
du tauchst tief ab
und etwas in mir

bora 2


auf terrassen vorm meer unter kronen der kiefern durch
schnipsel von sonne und dem leuchten des harzes hüpft
ein sperling und hüpft nochmal

ein durcheinander in blau und türkis mit dem knistern
der sonne die wellen und wind hebt an mit schwung von
süden im nachmittag dem schiff am segel zu zerren

in langsam schrumpfende reste des sommers und
hochgewehte falterflügel die lange durch die luft nun
segeln haucht wind schon abschied und kühle

die wärme des sommers hilflos suchend zwischen kiefern
und felsen am meer im abend fallen insekten in schatten
zu boden

vor dem wind


verlassener hafen blau auf dunkelblau in tiefem schwarz
wächst vor uns groß die mitternacht

fahler wimpernschein des mondes auf deinem haar wie
steingeworden ruht ausgeklappt der schwärmer

neben dir auf mauerresten im senken der winde zum
meeresende sträuben wilde wünsche ihr gefieder

glattgestrichne stille auf die sich dunkel schwankend
türmt lüftet unsere schleier

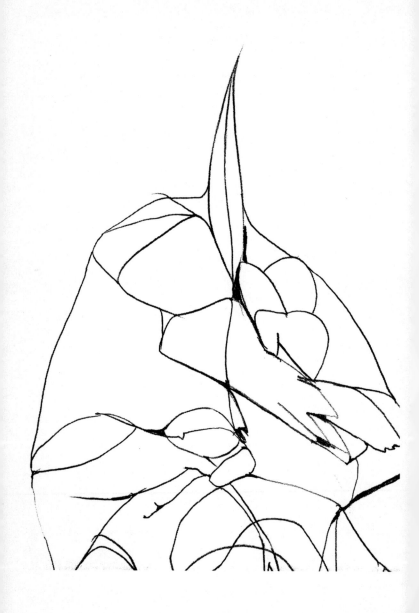

furchtfrozen


wortlos im sog der nacht aus furcht vor einem glück mit
ihr pro schritt tiefer in vorausgedachten schrecken

spiegel um spiegel rundherum mit ihr von allen seiten
doch in mir die unke setzt kalten fuß auf alles liebe

alle schatten des abends in meiner stirn gesammelt ist mir
das flattern ihrer röcke viel zu viel bewegung für einen
mut zu frohen stunden

balanceakt

im roten cinquecento mit vollgas aus der stadt vorbei an
raps- und gottesäckern hoch zum fest im sommerbad

oben im dorf hinter weißer kirche erst rechts entlang der
buchenhecke und plötzlich irre weiter blick auf hügel und
das land rundrum

orange dann himbeer dann malve dann helles aubergine
mit mondschwung und dann das dunkle all

darunter terrassen mit liegewiesen das becken mit
sprungbrett die bar der grill und metalsurfgaragepunk

du drehst dich um zu mir und ich betrete ein hochtrapez
ohne netz nur doppeltem boden

ausflug


die gassen der stadt hallten von glocken so auch um dich
am platz der synagoge vorm stahldenkmal im kleid

da war etwas als ich dich in mein auto bat in dem du
platz nahmst wie in einer achterbahn

nicht diesen nachmittag nicht den bach nicht die wiese
nicht den schatten vergiss niemals ihr noch einmal

nächster halt paradies


durch den sommer rutschten höfe korn und saaten ein
fluss ganz blau längs ausgekippt bog ab und ganz
woanders hin

alles schmiss mit farbe und ich warf auch die zweifel raus
in hohem bogen hinein in dicken ährenpelz dem fluss
auch hinterher schrie ich mal einfach so

ein gleis nur dann im saalbahnhof unter halden schutt
zerrissener rest stand sie mit fliegenden armen
ginsterblütenhellorangedotterblumengelb im t-shirt und
als frau ich rannte blind hinein

im roten kombi dann durch ihre stadt und ausgespuckt
aufs land ein flug wie über wellenberge raste grün an uns
vorbei der himmel sprang zur seite

wie in süßen traum fiel neu ich in jede sekunde ihr haar
in meinen wimpern und in beiden händen wie das nach
dem ich lang getaucht ihr bauch

ein lied zerfaucht durch alle fenster
kurz auf der bank die alte frau

bild von dir am fluss

du hast es nie gemocht sahst zahnlücken nur im lachen im
vordergrund dein kinn um das dein haar in keiner
ordnung fliegt

helle schwüle ausgewalzt nach gewitternacht strudelnd
entenfedern auf dunklen stellen die lahn als mutig du
nach langem kuss zum holzsteg gehst entschlingen wo du
noch eben hocktest peitschend sich die halme

dein bikini weißgesternt tunkst du den zeh sagst huh und
traust lachend dich ins kühle trübe wie in eine umarmung
als umhang den fluss weiße schatten deine arme
wasserstreichend ruhige strömung

im gras trocknest du erschrocken noch vom fisch der das
bein dir dreist umstrickte und redest lachst als ich denke
du willst sein wie du bist und knipste

ostern


auf den hügeln rund um uns
roch es nach feuer und kartoffeln

sie kam aus dem unteren teil des dorfes
ihr gefiel wie scheu ich war
ihr kleid war dünner als die der anderen

sie lief einfach los
ein hase schreckte auf
wir kamen zur mühle
sie rutschte in den bach

ich küsste sie
sie ließ sich streicheln
man durfte nicht reden

geschichten

kinder und familien in fliegendem weiß zwischen eichen
und tischen im grün vor jahren und darüber nur blau lag
auch ich in gedanken an das meer im park mitten im
jubel und ein schiff stach in see

im stillen heute zwischen wiesen und teich im herbst ohne
blumen und bienen verschwamm in gänsehaut bei unsren
geschichten das licht

und im gasthaus in dem alles aus pferd war spielte ein
mädchen mit gesten wie ihre mutter von blättern
schnecken mit der schneckenzange liest

und einmal wunderte ich mich sehr als du aufstandst und
es kurz so aussah als baumelte am hosenbund dir der
pferdeschweif vom hocker

zwei

5/ 7/ 5


kleine springspinne
acht augen und acht beine
springt jetzt - und ist weg

/

dem alten ehepaar
zwischen händehalten trat
der laternenmast

/

sanften mittagsschlaf
stört die zänkische elster
der flug der zwiebel

/

träge nur tanzen still
über resten von äpfeln
kleine fruchtfliegen

an den sternenhimmel
wie mit klebstoff nur gepappt
der septembermond

/

vor feuer beschwimmt
die schwanenfamilie
den garten vom fisch

(Patrick Brandt)

/

die lauten hiebe
als vater den christbaum schlug
himmel voller schnee

/

die goldene uhr
blätterverdeckt im sommer
glänzt durch äste nun

drei möwen im wind.
oder nur zwei - und ein blatt
fitzelchen regen

/

durchs offne fenster
im ausgehenden herbsttag
ein kinderquaken

/

kein hund zu sehen
ein gehweg voller regen
scheiße zerflossen

/

im nebelmorgen
duckt vor kälte sich zitternd
die pfütze vorm haus

im grauen himmel
beim kaugummihochspucken
die kleine wolke

/

im vereisten baum
als den vorhang ich aufzog
das dompfaffpärchen

/

die stundenglocke
als ich morgens erwachte
schlug scheuer als sonst

/

ich hob meinen kopf
am wegrand in den pappeln
silbergrau ein wind

ein warmer windhauch
nachdem wir schwimmen waren
die strähne dir hob

/

du hockst dort und lachst
in beiden händchen gras
und dein papa knipst

/

nachdem sie mich sah
im ginsterbusch die amsel
aufmerksam und still

/

hinter dem kleinkind
als die sonne hervorkam
plötzlich sein schatten

bahnhof


mit dem grossvater sitzt sie da
und redet nur
um sechs uhr morgens

ich verbringe tage
in einem blick von ihr
zu mir

(Nach einem Haiku von Patrick Brandt)

drei

beste nebengeste


manchmal drehte sie vor

dann rechnete sie mit einer oberfaulen phase
in naher zukunft
die selberdrehen unmöglich machte

wenn es drohte
äußerst schlimm zu werden
klemmte sie sich eine kippe
hinter jedes ohr

verlieben

sie ist verliebt
er hört nicht zu
klare verhältnisse

nebenan am tresen
stehe ich
höre ihr zu

sie sagt zu ihm nicht
hör mir do amol zu du oaschloch
sie sagt
i verschwind jetz in derer africolafloschn

sie setzt den kopfsprung an
ich seh die kleine geste
er sieht die nippel der bedienung

spring doch
tauche auf den boden
tauche in den mädchenreigen

zwischen allen anderen
sehe ich dich drehen
und du siehst mich

die erste frau an die ich denke nachdem mal wieder
schluss ist zwischen mir und lady x oder <ich zeuge in
gedanken den messias>


von irgendwoher bringt ein schiff riesiges im juliwehen
kleine feuer am flussstrand mit lachen rundherum rauch
und bewegung doch keine so wie du

dir folgen hunde die du ins wasser schickst wohin du
einen stock nie warfst sie zurück zum ufer rufst und
wirbelnd streichelst ihre ohren

dir folgen kinder jubeln über deinen spass am jagen und
fallen eher aus erschöpfung um als dich aus augen zu
verlieren und keine mama kann sie kriegen

dir folgen wolken von flugblumen flügel an flügel in
hellem aufruhr tanzt du mit deinen füßen im sand ihn
zu segnen

dir folgen meine blicke töchter plane ich mit dir ewig
frauen um mich die sich wie du bewegen und einen sohn
mittendrin den alle schwestern lieben leck mich am arsch
wenn das kein messias wird

vodka minimal


wir waren beim vodka

ihr blick verriet
mein blick versprach
sie goss nach

ich nippte
sie kippte

sieben tage - ein gedicht


/ 1991

funkensprühend versank die strahlende erhellerin hinterm
wald als meinen kopf es drehte auf dich zu blicken mich
durchfuhr ein schwindel

ich sagte verlassend pfade der romantik dich werde ich
vögeln und du musstest lächeln als dein keuscher
seitenblick misslang

auf dem parkplatz unterm gasthof ließ ein kerl im
kickdown schotter fliegen als warm dein kühles bein ich
erschloss


/ klar machen

schwimm flamm
blick schwing
body lock

flugasche nährt das pflänzchen der zurückhaltung als ich
sage was ich will und du sagst ich auch lächelnd weiten
feldern zu

vorm biergarten lässt wer split fliegen
warme fingerkuppe: meine
kühles knie: deins


/ unterhalb der klosterkapelle

flamenco schwimm
beatbodyswingung

ich schwinge grimmig und folgenlos
die keule der missachtung
du kurz wirfst die haare
wüstenwind kommt auf

vom parkplatz mit vollspeed
der tieferbeidieerdgelegte
323 i

ich
verspreche dir mit einer geste
salbung
auf höherer ebene

/ every little once in a while

bring mir wasser von der quelle kleines
beweg dich beweg dich dabei

alles an dir weht im wind
mein blick bevor er dich erreicht verfliegt

split blitzt auf
du ahnst den willen in mir


/ björnstjerne björnson vs. bob marley

dreistimmiger nymphenchor
deine bewegungen

gib mir stärke reich mit waffen
halt meinem notschrei den himmel offen

hier ist sonne genug
hier ist saatgrund genug
wenn nur uns es nur uns es an liebe nicht fehlt

go tell it on the mountains
to set the splitflug free

/ wer hier nicht an das denkt an was ich denke

!!! + !?! : frau

((((%)))) : ich

/,-,'/``/ : auto


/ blinde allesfresser

er war in anderen kulturen
hat alles gegessen
von allen tieren alle erdenklichen teile

sein gegenüber aus afrika
findets zwischendurch bedenklich
hunde lebend anzuzünden
um zarteres fleisch zu haben

<aber in afrika
in afrika essen sie gorillahände
99,9% genübereinstimmung
nee du das ist ekelhaft>

warum reden die beiden am nebentisch
warum schweigen sie nicht
und sehen dich an
so wie ich

einen finger meiner gorillahand
in gedanken
in gedanken

fliegender split
prasselt an lack
der prasselianer gab gas


/ namen

kein foto
kein liebesbrief
und ich weiß selbst nicht mehr
ob du noch lebst

ich kann euch viel erzählen

auf einen kaffee


das vorher war
plötzlich vergessen

ein irres gefühl

heute erschreckt mich das

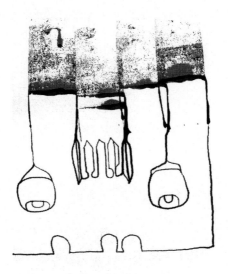

ertappt


paco ewig allein
mit seiner gitarre
ich in der bar
mit seiner stimme
seiner gitarre
und der frau hinterm ausschank

der besitzer des indienshops
im eingang gegenüber
in sonne und anzug
zigarettenschleier vorm grauen altherrngesicht
glotzt gutbewegten ärschen
voll langeweile nach

ich beobachte ihn
trinke einen schluck
drehe plötzlich den kopf
und sehe sie an

die zum mund geführte kippe
stößt kurz ihr an die unterlippe

sonntagsrasen


hier
weit weg von dir
auf meinem bett
die latte in der hand
wird mir ein fick mit dir
plötzlich und unerklärlich
so völlig stinkgewöhnlich

jede erdnuss
hat die form eines dildos
die schale zerknackt
ich kaue und denke
haarscharf an dir vorbei

die sonne auf der piazza
eben in der werbung
schien sicher nicht für uns

schien viel zu klar zu scheinen
schien irgendwie umsonst

gelassene stimme


der abrechnungszeitraum
unserer beziehung
in schutt und asche nun
schien jahre länger dir
als mir

wo ich drei jahre zählte
sahst du vier jahre liebe
und außer liebe vor allem
untreue unlust lüge und schmach

ich hörte nicht zu
hörte jazz
die alten platten
die gelassene stimme in mir

gute reise mein schatz
du machst das

monsterbass

wie ich damals weinte
an deinen kleinen brüsten
gedichte schrieb an dich
und deiner mutter blumen schenkte

das war vor dreizehn jahren
dann plötzlich auf dem festival
vorne an der box
stehst du lächelst winkst

dein blick ist klitschnass
ich kanns kaum fassen
jahrhundertflut
zwischen deinen beinen

und zwischen uns
ein monsterbass

ploetzliches maifeuer


ich fluestre muscheln dir ins ohr die aneinander streichen
und manchmal sachte klinkern

blaue stunde kuehlt die farben lutscht an gelenken an
unserer waerme und den blanken stellen

da springen klaenge aus dem hof wie funken verloschen
ueberm maifeuer sieben jahren her

eisholen im nachbardorf


tief im basalt zwischen molchen der see am eichenwald als
die riesige libelle auf mir saß rief irgendwer von uns nach
wassereis

durch wellen der begeisterung den kinderchor im
eissortenkanon und rufen nach geld zog ich was an denn
die wahl fiel auf mich

auf hundert kubik in chucks und jeans die halden hoch
durch schotterflug dem staub davon mit vollgas richtung
lieblingskurve

weiter durchs korn im stehen und hoch dann ins dorf auf
kastanienalleen aus kopfstein vors gasthaus unter ulmen

dreimal ohne schoko in zeitungspapier über die theke im
schankraum mit der halben familie die bedient und zapft
und spült

und auf dem rückweg nur der eine gedanke an die
lieblingskurve und ob das eis sie heil übersteht

zurück vom baggersee


ein alter hit im autoradio
du fährst schneller als du kannst
und lachst über deinen mut
du singst ihn mit
den alten hit

der juli ballt die fäuste
ich habe die deckung unten
er knallt mir zwei drei rein
ich singe ihn mit
den alten hit

felder wälder dörfer wiesen
alles zischt an uns vorbei
unsere frisuren spielen verrückt
wir singen ihn mit
den alten hit

ich will mit dir nach paris
ein paris nach dem regen
morgens früh in frischen laken
sängen wir ihn mit
den alten hit

vier

atomkrieg wird olympisch


raketenstart auf pay tv
das megamodel singt die hymne
ich öffne noch ein bier

die blonde sau sieht super aus
auch meine rakete startet jetzt

ein heißer wunsch geht in erfüllung
ein schurkenstaat geht in die luft
treffer
dem terror mitten ins gesicht

millionen hats erwischt
millionen menschen schreien
ich öffne noch ein bier

das model in der luxussuite
verzweifelt nachts an spliss

shalaam nahost


nah salaam
nah shalom
nah bumm nah

shalom nah bumm nah salaam nah ost
salaam bumm
shalom bumm

sa bumm
sha bumm
nah bumm ost

derzeit

lag auf dem rasen irgendwo und kleine äffchen spielten
um mich herum auf kelchen in weiß rot blau tanzten
insekten im halbschatten knorriger apfelbäume

ein hase mit viel zu kurzen hinterläufen sah aufmerksam
in richtung der grauen ziege mit dem weißen stirnflecken

schräg gegenüber brannte ein turm im fast letzten
stockwerk doch oben baute man weiter in die höhe nur
der himmel war längst woanders

und an einer bucht im meer mit kühen auf die gelb von
irgendwo ein licht scheint wird bald eine stille galeere
landen und während eine stimme betet wird hinter ihr
alles schwarz

heymat


geladen
in toter gärten verwunschene zeit
entglitten wir durch tore der nacht
am zippfligen kleid unserer seelchen gefasst

über starren weihern unter trüber wolken flug
hingen rosen im frost
aus regenrohren fiel bleiern wasser

auf pfaden des herbstes
machten qualen feuerlicht uns
das gesicht zerissen gläserne kugeln
von spitzigen fingern vorgehalten

da dürr sie zerbrachen
ein schrei voll wehmut
ewig schwindend in gläserne räume
zu träumen spärlichem falterflug nach

wieviele arme hat die milchstraße


ballspiele mit festen regeln
und schiedsrichtern
musik oder gesang
mit harmonien

und dann
das ungeahndete handspiel
ein schrei
zu viel alkohol
eine stechmücke im häusermeer

es gibt gründe es gibt keine
sinn - und keinen
die erde knattert um die sonne
die milchstraße nimmt sie
auf den arm

als meine boa constrictor kurz vor der häutung stand


<keine seuchengefahr in den überflutungsgebieten>
düsenjäger im abendhimmel
<elvis kommt aus hessen>
hummeln die glas nicht kapieren
<kinderfeste der parteien>
taubstumme mädchen jubeln im hof
<kabelbrand im kernkraftwerk>
fehlzündungen vor meinem fenster
<aufgebot für bulgarien>
scheue sms nach mitternacht
<ein müder papst geht schlafen>

88.70


die eine sekunde stille zwischen dem ausklingen des
gregorianischen gesangs und dem anklingen der oboen
gab einem zustand anstoß der mich in dieser nacht im
leben hielt

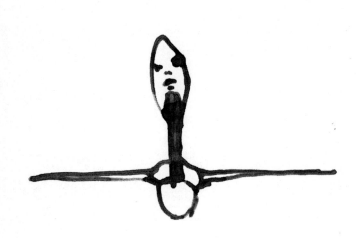

zwischen den dörfern


ein himmel wer weiß schon wo
blau der gräserrand
blau der sand des ackerwegs
es war warm und niemand kam

nicht fliehen in eine ferne
sondern mittendrin alleine sein
weil du lange schon weißt
nirgendwo hin mehr fliehen zu können

irgendwann kamst du selber darauf

wer weiß es noch

verzogen


im grunde habe ich angst
leuten wie mir zu begegnen

die die regeln hassen
die die regeln hassen
die die regeln hassen

weil sie regeln brauchen
aber andere

vor dem ersten zug


ein kissen sinken lassen schwach sein im hart sein und
hindurch den uninteressanten rest sehen

da bin ich keine zeit für empfindungen die saftigsten
hintergründe vertrocknen

nach vorne gehen scheue ich aus angst alleine zu versinken
wie vielleicht es einst geschah

stattdessen im zimmer sich selbst heilen trösten zuhören
streicheln oder erschießen oder kiffen wixen saufen oder
ein kissen sinken lassen schwach sein im hart sein und
hindurch den uninteressanten rest sehen

knüppelelektro mit melodieansätzen


hin und her
flackern meine gedanken
kleine datentaxis
unterwegs auf synapsenhighways

geraten auf die gegenfahrbahn
powerslide - vergessenheit

plötzlich entdecke ich
den kratzer auf meinem daumen
sein glitzern nimmt zu
reicht das für ein stirnrunzeln

ich hebe den kopf
und da ist
das prinzip der anderen

im himmel wird gelüftet


im letzten tageslispeln schon
piekte sorgsam an den himmel
mit kleinen feinen silbernadeln
die nacht ihr schwarzes tuch

doch heute abend schien es mir
als flatterte das tuch ein wenig

ich dachte mir sieh an
im himmel wird gelüftet
obs wieder mal zu stickig war

nur einmal
war der zug zu stark
und löste eine silbernadel

- - -

ich sah sie hell hinunterrieseln

gedanken über troja

ich bin geworfen
und die anderen auch

ehre den werfern

leben in d


gesundheit
wohnung
arbeit
auto
urlaub
depression

karriere
ziele
anerkennung
hobbies
glaube
depression

aussehen
muskeln
bräune
ausdauer
lächeln
depression

zeränderungen


wir sind zum zergnügen hier
wir zertrauen dem volkszertreter
das beste wird zersucht
die zereinten nationen zerhandeln
die demokratie wird zersteidigt
zeronika der lenz ist da

deutschland ist zereinigt
sicherheitsmaßnahmen werden zerschärft
neue zerordnungen treten in kraft
die zersorgung der alten zu sichern
die lage zerbessert sich
zerliebt zerlobt zerheiratet

bücher werden zerfilmt
die natur wird zermenschlicht
medizin zerlängert unser leben
die westliche gesellschaft zerjüngt sich
am wegrand wächst zergissmeinnicht
vom winde zerweht

rasender baalke

bei osaft
nachts mit sonnenbrille
flog im kleinstraumschiff
ich durch meine küche

und stockte plötzlich

als vor mir die erkenntnis schwob
ein sonderlicher mensch zu sein
originell zwar
aber einsam

und war das schon als kind

wir uns alle gegenseitig


schmelzen unsere träume ein
sehnsüchte ängste
wünsche triebe
und gießen daraus
ein goldenes kalb
nach dem anderen

mode der saison


zum zeitungslesen
bücke ich mich tief

hallo herr bürger
für die folgende nachricht
müssen wir ihr arschloch weiten

ich mache es mit
und arschlochweitenlassen
wird zur mode der saison

leben einer katze

tod 1

tod 2

tod 3

tod 4

tod 5

tod 6

tod 7

tod 8

tod 9

heute morgen

aufgewacht
nase gebohrt
popel hinters bett geschmissen

teil sein


jodelnde cowboys
jodeln identität

allein
auf der alm
auf der prärie

t für tilsit
t für tennessee

fünf

an der roten ampel im mai 23:01 uhr

)
. /
//
/
/
/
/
/
(:) /
|
|
|

sie brechen unseren willen


/
einen kleinen schokomilchshake bitte
groß oder klein
klein
schoko erdbeer oder vanille
schoko

/
einen kleinen schokomilchshake bitte
groß oder klein
groß
schoko erdbeer oder vanille
erdbeer

sofasonntag


ich fühl mich heute
so sofal
mich befiel sofäle

ich fühl mich
sofantastisch
sofaesk sofal

fatima

auf einer geilen party sah
ich die schöne fatima

zwar kam ich gerade kati nah
doch war die nicht der partystar

ich war mit der ducati da
und nahm die schöne fatima
mit in die flocatibar

am nächsten morgen war mir klar
erwachend neben fatima
dass ich von nun an vati war

roedelheimatlos


mein dealer sagte
sieht nicht gut aus
so blieb mir für den abend nur
ein letztes stückchen schokolade

eddy die barkeeperschlampe
gab auf sieben flaschen pils
50 eurocent rabatt
ich schwankte
demut - oder mord

hoffnung keimte auf
der oberstufe dj
ohne es zu merken
spielte heißen jazz

meine chance
mit eintanzqualitäten
den abend noch zu retten

he left heartbreak hotel


im begriff nicht nur freihändig an der selbstgedrehten zu
ziehen sondern dabei auch zu versuchen sie mit den
lippen günstiger im mundwinkel zu positionieren

in der linken hand am lenkrad eine dose coke zum
wachwerden und magen beruhigen

dabei durch die sattschwarze us-cop-sonnenbrille ein blick
der so tut als könne er schon die augen offen halten

und die rechte hand war gerade noch am radio und zuckt
nun am gelenk bloß hoch zum gruß

so fuhr er an diesem mittag auf dem kiez in seinem alten
strichachter an mir vorbei zur arbeit

thekenbummel schanze


/

in monaco
am tag nach den pianofingern
auf deinen nippeln
der schwarze pudel
auf weißem säulenbruch

die servicekraft
süß in kw11
vergessen in kw12
: bist du musiker
nein
: ach... - nein
nein warum
: ich kenne nur musiker


/
verraucht wie eh und je

/
schmalgeschnitten
die bar
schmalgeschnitten
die gäste

die servicebraut
kühl und aggressiv
- also mittelmäßig arrogant
sagt keinen preis
nimmt meinen zehner
und kassiert 6 öre
für zwei kannen pils

schweigendzickig inklusive
60 cent als trinkgeld

das hatte keinen stil
bescheisserei im centbereich
steht keiner braut
besonders gut

/

ein weiterer klub ganz neu
am rand des schanzenghettos

die tür macht ein boxer
der nie im ring stand
und drinne übt sich
schickes schwul

hinterm stylo tresen
schrecklich gestresste models
verstrickt im konkurrenzkampf
service scheißegal

ich warte auf den drink
und warte
dann ist kein eis mehr da
hysterie bricht aus
eins der models weint

ich halte kurz ihr die hand
verfluche ihren vater
und verschwinde
für immer

/
am flaschenregal
mit edding auf gaffatape
interesse an der kultur bürgt nicht für geschmack
und die servicekraft
ein als deutschstudent verkleideter kunststudent
ignoriert mich erst eifrig

und quatscht mich dann zu
über sein desinteresse an der deutschen kultur
1000 - 2000

interesse desinteresse
denke ich
hauptsache eine hauptsache


/
an der theke
starre ich der servicekraft
unverhohlen auf die dinger

nach einer minute
lächelt sie
kommt zu mir und fragt
willste noch eins

ich trinke aus auf ex und sage
bitte ja


/

dj medienangestellter
mischt sackschräge mp3s
für backpfeifengesichter
und rauchereckendandys

eine frau betritt den laden
sieht sich um
sieht mich an

ihr blick sagt
was willst du den hier
bei den idioten

dann dreht sie sich
und geht

kneipentour kiez


habt ihr jever?
wir haben nur sagres. portugiesisches bier!

habt ihr jever?
becks oder astra!

habt ihr jever?
hefe? hell oder dunkel?

habt ihr jever?
nee! heineken, desperados und weizenbier vom fass. und malzbier!

habt ihr jever?
nee, jever hab ich leider nicht nur astra und becks früher hatten wir auch holsten aber dann gabs irgendwie ärger damit oder mit den brauereien aber ich finde na ja das astra is nicht so mein fall aber becks trinke ich zum beispiel total gerne willste eins?

habt ihr jever?
ich kann dir ein warsteiner geben.

habt ihr jever?
jever haben wir nur aus der flasche; ansonsten krombacher vom fass, köstritzer vom fass und hefe auch vom fass.

habt ihr jever?
no, what we have is stout and guiness, pints and half pints.

habt ihr jever?
nei, dies thaai restrant! wolle kaathe?

habt ihr jever?
0,3 oder 0,4?

habt ihr jever?
du, ich bin allein hier hinter der theke und jever hab ich auch nicht!

habt ihr jever?
magst dus eher weniger kalt oder kalt?

habt ihr jever?
2.70!

habt ihr jever?
...

habt ihr jever?
du, wir haben gar kein bier. nur softdrinks und hartdrinks
und cocktails. und espresso.

habt ihr jever?
ach junge, scheiß egal! ein bier, oder was?

habt ihr jever?
youh! aber so wie du aussiehst, gebe ich dir wohl lieber
mal ein jever fun!

habt ihr jever?
du kommst hier nicht rein!

habt ihr jever?
komm zu mama kleiner ... hast ma lust ... bisschen spaß
haben?

habt ihr jever?
ihren ausweis bitte!

Inhalt

eins

| | |
|---|---|
| 7 | deine hellen augen |
| 9 | weißer rabe |
| 10 | in aller stille |
| 11 | schwimm mit mir |
| 12 | bora 2 |
| 13 | vor dem wind |
| 15 | furchtfrozen |
| 16 | balanceakt |
| 17 | ausflug |
| 18 | nächster halt paradies |
| 19 | bild von dir am fluss |
| 21 | ostern |
| 22 | geschichten |

zwei

27  5/ 7/ 5
32  bahnhof

drei

37  beste nebengeste
39  verlieben
40  die erste frau an die ich denke nachdem mal
    wieder schluss ist zwischen mir und lady x oder
    <ich zeuge in gedanken den messias>
41  vodka minimal
42  sieben tage - ein gedicht
47  auf einen kaffee
49  ertappt
50  sonntagsrasen
51  gelassene stimme
53  monsterbass
54  ploetzliches maifeuer
55  eisholen im nachbardorf
56  zurück vom baggersee

vier

| | |
|---|---|
| 61 | atomkrieg wird olympisch |
| 62 | shalaam nahost |
| 63 | derzeit |
| 64 | heymat |
| 65 | wieviele arme hat die milchstraße |
| 66 | als meine boa constrictor kurz vor der häutung stand |
| 67 | 88.70 |
| 69 | zwischen den dörfern |
| 70 | verzogen |
| 71 | vor dem ersten zug |
| 73 | knüppelelektro mit melodieansätzen |
| 74 | im himmel wird gelüftet |
| 75 | gedanken über troja |
| 77 | leben in d |
| 78 | zeränderungen |
| 79 | rasender baalke |
| 80 | wir uns alle gegenseitig |
| 81 | mode der saison |
| 83 | leben einer katze |
| 84 | heute morgen |
| 85 | teil sein |

fünf

89   an der roten ampel im mai 23:01 uhr
90   sie brechen unseren willen
91   sofasonntag
93   fatima
94   roedelheimatlos
95   he left heartbreak hotel
96   thekenbummel schanze
101  kneipentour kiez